BEI GRIN MACHT SICH IHR WISSEN BEZAHLT

- Wir veröffentlichen Ihre Hausarbeit, Bachelor- und Masterarbeit

- Ihr eigenes eBook und Buch - weltweit in allen wichtigen Shops

- Verdienen Sie an jedem Verkauf

Jetzt bei www.GRIN.com hochladen und kostenlos publizieren

Michaela Sankowsky

Absolutismus. Historisch-exemplarische Einzelfallstudien

GRIN Verlag

Bibliografische Information der Deutschen Nationalbibliothek:

Die Deutsche Bibliothek verzeichnet diese Publikation in der Deutschen Nationalbibliografie; detaillierte bibliografische Daten sind im Internet über http://dnb.d-nb.de/ abrufbar.

Dieses Werk sowie alle darin enthaltenen einzelnen Beiträge und Abbildungen sind urheberrechtlich geschützt. Jede Verwertung, die nicht ausdrücklich vom Urheberrechtsschutz zugelassen ist, bedarf der vorherigen Zustimmung des Verlages. Das gilt insbesondere für Vervielfältigungen, Bearbeitungen, Übersetzungen, Mikroverfilmungen, Auswertungen durch Datenbanken und für die Einspeicherung und Verarbeitung in elektronische Systeme. Alle Rechte, auch die des auszugsweisen Nachdrucks, der fotomechanischen Wiedergabe (einschließlich Mikrokopie) sowie der Auswertung durch Datenbanken oder ähnliche Einrichtungen, vorbehalten.

Impressum:

Copyright © 2011 GRIN Verlag, Open Publishing GmbH
Druck und Bindung: Books on Demand GmbH, Norderstedt Germany
ISBN: 978-3-656-72732-3

Dieses Buch bei GRIN:

http://www.grin.com/de/e-book/279188/absolutismus-historisch-exemplarische-einzelfallstudien

GRIN - Your knowledge has value

Der GRIN Verlag publiziert seit 1998 wissenschaftliche Arbeiten von Studenten, Hochschullehrern und anderen Akademikern als eBook und gedrucktes Buch. Die Verlagswebsite www.grin.com ist die ideale Plattform zur Veröffentlichung von Hausarbeiten, Abschlussarbeiten, wissenschaftlichen Aufsätzen, Dissertationen und Fachbüchern.

Besuchen Sie uns im Internet:

http://www.grin.com/

http://www.facebook.com/grincom

http://www.twitter.com/grin_com

Absolutismus

Begriffsklärung
- Absolutismus hat es so nie gegeben → ist erst durch typologische Abstraktion zum historischen Gegenstand geworden (Forschung ist selber auch historisch 'gewachsen')
- Unklarheit über genaue Begrifflichkeit
1. **Politisches System**, das durch möglichst große Machtansammlung in der Hand des Landesherrn auf Kosten aller anderen im Staat vorhandener Kräfte gekennzeichnet ist
2. **Epochenbezeichnung** für langen Zeitraum europäischer Staatengeschichte zwischen Religionskriegen des 16. und früheren 17. Jahrhunderts und Begründung konstitutionell-parlamentarischer Systeme im 19. Jahrhundert

Begriffsgeschichte
- Zwei Entwicklungsrichtungen im ersten Drittel des 19. Jahrhunderts:
1. "Politischer" Absolutismusbegriff
- "Absolutismus" als freiheitsfeindliche, autoritäre Systeme des 18. Jahrhunderts, die Entwicklung der Menschheit zu mehr Partizipation und Freiheit im Sinne der Aufklärung entgegenstanden
- Wurde von Monarchiekritik des 18. Jahrhunderts generell als "Despotismus" bezeichnet
- Bezieht sich auf schriftlich-verfassungsmäßig verbriefte Rechte und betrachtet es als sekundär, dass viele Menschen zuvor schon gegen Staatseingriffe und Staatsansprüche abgesichert waren (nicht durch geschriebene Verfassung, sondern durch konkrete vertragliche Zusicherungen im Sinne von "Privilegien")
2. "Systemgeschichtliche" Absolutismusbegriff
- Absolutismus als evolutionär folgerichtiges System von Staat und Verwaltung, mit dessen Hilfe die europäische Völkerfamilie (inklusive Russland) einen Weg aus den personalrechtlich gebundenen Systemen des hohen und späten Mittelalters in die Welt der flächenhaften Anstaltsstaatlichkeit der Neuzeit fand
- "Absolutismus" zur Bezeichnung für ein umfassendes realhistorisches Geschehen
- Geschichte des Absolutismus wurde zu Geschichte der "absoluten" Monarchen (Philipp II. von Spanien, Heinrich VII., Heinrich VIII. und Elisabeth I. von England, die ersten drei Bourbonen in Frankreich, der Große Kurfürst und sein Enkel, Friedrich Wilhelm I. von Brandenburg-Preußen, die deutschen Kaiser Ferdinand II. und Leopold I)

Adjektiv „absolut"
- Erscheint zum ersten Mal in der Staatstheorie des französischen Juristen Jean Bodin (1529-1598)
- Betrachtet staatsrechtlichen Qualifikation, die der von ihm theoretisch begründeten staatlichen "Souveränität", zukommt
- Souveränität: "Höchste, gegenüber Bürgern und Untertanen ausgeübte und von den Gesetzen losgelöste Gewalt"
- Idee der "Souveränität": Innerhalb eines Staates muss es klare legitime Obergewalt geben, die, von Gott abgesehen, keiner anderen Gewalt untergeordnet und auch nicht den von ihr selbst erlassenen positiven Gesetzen unterworfen sein darf
- Unbestrittene Staatsgewalt ist für viele der Weg aus der Krise der religiösen Staaten- und Bürgerkriege
- Für große Territorialstaaten Europas ist Monarchie optimale Regierungsform und damit Inhaber der Souveränität
- Plädiert für "thèse royale", starke Königs- oder Fürstengewalt

Ständische Argumentation
- These: Territoriale Fürstenstaat der Neuzeit (16. und beginnendes 17. Jahrhundert)
- Müssen Werk von Fürsten und Ständen sein, wobei Fürsten die herrschende Dynastie, Stände "Land" vertraten

- Überall in Europa hatten ständische Institutionen Anteil an staatlicher Entwicklung genommen und dabei Konsensgepflogenheiten entwickelt, auf die sie jetzt nicht mehr verzichten wollten
- Bodin: Stände sind auch in "königlichen Monarchien" (monarchies royales) wichtiges verfassungspolitisches Element, aber ohne Souveränität
- So wurden aus den Fürsten des 17. und 18. Jahrhunderts bei den zeitgenössischen Anhängern der "thèse royale" die "absoluten" Monarchen, die schließlich einer ganzen Epoche (Absolutismus) ihren Namen gaben
- Merkmale:
    - Zurückdrängung des ständischen Elements
    - Aufbau eines auf die fürstliche Herrschaft hin orientierten Beamtentums
    - Ausbau eines staatlichen Heeres- und Militärwesens, schon im 17. Jahrhundert "stehendes Heer"
    - Inauguration einer staatlich organisierten und kontrollierten Wirtschaftspolitik, später "Merkantilismus"
    - Begründung eines umfassenden, der Disziplinierung und Domestizierung des bis dahin äußerst unruhigen Adels dienenden Hofsystems

Neuansätze der Forschung
1. Der "ständische" Forschungsansatz
- Fokus auf tatsächliche Einflusssphären ständischen Denkens und Handelns, die vom neuzeitlichen Fürstenstaat niemals wirklich entscheidend eingeschränkt wurden
- Argumente nicht immer eindeutig → Gab es ständische Mitregierung die z. B. auch bei der Besetzung des Königsamtes zum Ausdruck kam?
- Ständische Mitwirkung verstanden als ständisch-fürstlichen "Dualismus": Nicht kennzeichnend für ganz Europa und nicht für Monarchien, die als "absolute" gelten
- Alteuropäischen Monarchien existierten in keinem Land in einem luftleeren Raum, sondern als Staatsspitze über ständischer Gesellschaft, die Einflussmöglichkeiten auf viele Wege nutzt (Erweiterung des Blick von Machtzentralen und ihren Handlungsträgern)

2. Der "regionalistische" Forschungsansatz.
- Absolutismus ist immer auch mit intensivem Zentralismus verbunden
- Fokus auf Regionalismus der Eliten, selbst zahllose landesherrliche Amtsträger hätten über ihre dichten Beziehungen zu regionalen Eliten dazu beigetragen, dass Absolutismus in den Provinzen der großen Staaten nicht "nach unten" durchgreifen konnte

3. Der „rechtsgeschichtliche" Forschungsansatz.
- Fokus: Rechtsförmigkeit der alteuropäischen Staaten und Gesellschaften
- Kontinuität und Wirksamkeit von rechtlichen Institutionen und Verfahren
- Herrschaftsausübung der Monarchen ist im wesentlichen rechtsförmig verlaufen
- Überzogen: Geschichte ist nur noch "Recht" und der tatsächliche Gang der Geschichte nur noch ein einziger Verlauf von Rechts- und Verfassungsakten

4. Der "finanzgeschichtliche" Forschungsansatz.
- Fürsten haben enorme Ausgaben und daher finanziellen Bedarf
- Mittel: Besteuerung und Anleihe
- Frühneuzeitliche Fürstenstaat wurde zum Verschuldungs- und später zum Steuerstaat
- Steuern und Anleihen brachten jeden Fürsten in Abhängigkeit von Personen, Familien, Gruppen im In- und Ausland, die bereit waren, Steuern zu zahlen bzw. Anleihen zu zeichnen

5. Der Kontinuitätsansatz.
- Fokus: Vertikalen Verflechtungen zwischen Königtum, königlichem Finanzsystem und "Eliten" → lassen Vorstellung eines rigorosen Durchgreifens des Absolutismus von oben bis nach ganz unten in ihren Augen als reines Konstrukt erscheinen

- Betonung liegt auf Kontinuität von konkreten Herrschaftspraktiken und Partizipationsgewohnheiten

Absolutismus = Epoche?
- "Absolutismus": Eingeordnet in langdauernden Prozess europäischer Staats- und Nationenbildung (hohes und späteres Mittelalter bis in spätes 19. Jahrhundert)
- Eigentlicher Kern: Komplexer Prozess der Staatsbildung, der Wellen des Auf- und Abschwungs lief und sehr oft in Widerspruch mit sich selbst geriet

II. Spätmittelalter und 16. Jahrhundert
- Bevölkerung wächst zwischen 1470 und 1500 wieder, und damit alle wirtschaftlichen Tätigkeiten, die sich um Produktion der Grundnahrungsmittel drehten
- Einkünfte wuchsen auch, jeder will an der günstigen Konjunktur teilzunehmen
- Große territorialen Flächenstaaten verstanden sehr wenig von Wirtschaft und betrieben keinerlei Wirtschaftspolitik

Situation seit der Mitte des 15. Jahrhunderts
- Hundertjährige Krieg ist beendet
- Territorien bilden sich (Frankreich, England, Spanien)
- Norden Europas: Staatliche Konzentration, die von Dänemark bestimmt wurde (1397: Kalmarer Union zwischen Dänemark, Norwegen und Schweden → Versuch zur Stabilisierung

Verdichtungen
- Entwicklung vom "Personenverbandsstaat" zum "institutionellen Flächenstaat"
- Herrschaftsgewalt wurde "territorialisiert" (für Verwaltung eines Gebiets ist nicht mehr persönliches Treueverhältnis zwischen Herrn und Vasallen, sondern ständige Institutionen in Justiz- und Finanzverwaltung mit festem Beamtentum maßgebend)
- Große Monarchien erweckten bei der Masse der Beherrschten Eindruck von Modernität und Freiheitsgewinns im Vergleich zu feudalen Zeiten
- Begünstigt wurde Prozess der "Werbung" für neue Herrschaftsform und Staatsidee im 15. Jahrhundert durch günstige personale und dynastische Konstellationen → Kompetenz auf europäischen Thronen

Der dynastische Fürstenstaat
- Allgemein, umfasst die Gesamtepoche
- Monarchische Stärke in Europa zwischen 15. und 18. Jahrhundert: Nicht nur der einzelne Herrscher zählte, sondern Besitz, Ansprüche und Kontinuität der Familie

Beamte
- Dynastischer Fürstenstaat des späten 15. und des 16. Jahrhunderts sorgte für ersten großen Einstellungsschub in europäischer Geschichte (Bürokratisierungswelle)
- Zwischen 1454 und 1506 Gründung neuer Universitäten
- Je mehr Staaten an Kompetenz und Handlungsfähigkeit gewinnen, um so mehr juristisch-fachliches Wissen brauchen sie in Justiz- und die Finanzverwaltung
- In Spanien und Frankreich ist Hauptproblem dieser ersten europäischen Bürokratisierungswelle am größten → Ämterkäuflichkeit und -erblichkeit und Ämterhandel
- Staaten wollten wegen gewachsener Staatsaufgaben mehr Verwaltung, konnten sie aber nicht angemessen bezahlen
- Entwicklung des Systems der "Anwartschaften" (Erblichkeit einer Amtsstelle)
- Ausgestaltung einer Gerichtshierarchie → Autorität nicht mehr aus persönlicher Anwesenheit des Königs, sondern aus Delegation seiner Amtsgewalt an Amtsträger

Staaten, Fürsten und Stände
- Kennzeichen: Institutionalisiertes Ständetum in Gestalt von Ständeversammlungen

- Wichtig: Unterscheidung zwischen kleinen und großen Staaten
- Kleine Staaten setzten mögliche Herrschaftsformen direkter und unmittelbarer um (16.Jahrhundert: Vorherrschaft starker ständischer Räte, 17. und 18. Jahrhundert: Absolute Monarchie)
- Große Staaten des 15. und 16. Jahrhunderts verfügen über Territorium, das aus einzelnen, früher einmal selbständigen Einheiten zusammengesetzt war
- Neue Monarchien des 15. Bis 18. Jahrhunderts waren zwar territoriale Flächenstaaten, aber keinesfalls schon Zentral- und Einheitsstaaten
- Stände und Landesherren standen sich als Anspruchsteller gegenüber, die aus eigenem, Recht und Selbstverständnis heraus handelten
- Es gab keine geschriebenen Verfassungen, in denen verfassungsrechtliche Position beider Seiten konstitutionell fixiert waren
- Es gab aber Herrschaftsverträge, Wahlkapitulationen, Erbhuldigungsakten (z.B. wenn ein Fürst durch eine Wahl durch die Stände an die Macht gekommen war, die Bedingungen für Wahl, Rechte der Stände und Pflichten der Fürsten)

Verhältnis zu Rom
- Spanien und Frankreich sind Beispiele wie durch die katholische Kirche weltliche Interessen verfolgt wurden
- Spanien: Durch Inquisition schuf das spanische Königspaar eine erste, alle Länder der beiden Kronen umfassende Institution im ganzen Reich, Modell für die noch zu schaffende staatliche Einheit

III. Die Religionskriege und die "Sakralisierung" der französischen Monarchie
Die "Neue Monarchie"
- Frankreich als Musterbeispiel einer Neuen Monarchie
  o Schon im 14. Jahrhundert fixierte dynastische Erbfolge
  o Aufbau eines wirklichen Königsstaats nach Ende der Auseinandersetzung mit England; Ausbildung eines territorialen Flächenstaats durch zielstrebige Erwerbung oder Rückerwerbung von Territorien
  o Beginn einer flächenstaatlichen Bürokratisierung im Justiz- und Finanzwesen mit der zentralen Figur des durch Ämterkäuflichkeit abgesicherten officiers
- Trotz aller "Bürokratisierung" war französisches Renaissancekönigtum des 16. Jahrhunderts noch durch personalen Herrschaftsstil gekennzeichnet
- Institutioneller Kontinuitätsträger im Zentrum des Landes war nicht der Hof, sondern der oberste Gerichtshof, Pariser Parlament (aus mittelalterlichem Rat des Königs hervorgegangene Versammlung von professionellen Juristen)
- Generalstände spielten geringere Rolle (wurden nur in Notsituationen einberufen)
- Generalstände waren eher schwach, nur kritisches Echo auf Schwächen der königlichen Politik
- Fähige Monarchen nutzten Ständetum, z.B. Provinzialstände als verlängerter Arm in die Region

Religionskriege
- Zweite Hälfte des 16. Jahrhunderts
- Gefahr für Stabilität der Renaissancemonarchie durch Verbindung von Konfessionalisierung und ständisch-adeliger Politik
- Ab 1562 war französisches Königtum mehr als drei Jahrzehnte Druck der Situation ausgesetzt, Politik besteht nur aus Vermitteln zwischen beiden Parteien
- Religionskrise und Krise der Valoisdynastie trafen um 1560 zusammen und führten Frankreich in größte Staatskrise bis hin zur Französischen Revolution
- Protestantische und katholische Provinzen gewannen unter ihren adeligen Führern so viel politische Unabhängigkeit, dass Auflösung der bisherigen staatlichen Einheit unausweichlich schien
- Heinrich IV ab 1589 König von Frankreich, will "politisches" Ende des Religionskonflikts

- Regiment ist durch kontinuierlichen Prozess der Befriedung und des Wiederaufbaus gekennzeichnet
- Neubesinnung auf die monarchische Stärke des Landes
- These von "konfessionell neutralen Staat" wurde von Heinrich IV. erstmalig verwirklicht
- Er nutzte auch Mittel der sozialen Privilegierung: Ämterkäuflichkeit, schon lange eine gängige, der Staatskasse nützliche Praxis, wurde gesetzlich erweitert und durch Möglichkeit für officier ergänzt, das Amt als Erbe innerhalb einer Familie zu halten
- Stand der officiers, in den Religionskriegen an große Distanz zum schwachen Königtum gewöhnt, wurde auf diese Weise erneut an den Thron gebunden (Nachteil: keine Kontrolle der Amtsführung der "officiers")

IV. Frankreich von Heinrich IV. bis Ludwig XIV.: Anspruch und Wirklichkeit einer absoluten Monarchie

Das französische Königtum im 17. Jahrhundert
- Wirksam wurde der von Heinrich IV gepflegte Mythos der erneuerten Monarchie erst nach seinem Tod (1610), als seine Politik immer mehr zur Richtschnur des politischen Handelns wurde

Drei zentrale Strukturelemente prägten von nun an das politische System der absoluten Monarchie in Frankreich:

1. Staatsgedanke als unabhängig von Herrscherdynastie
- Königtum (gelenkt von zunehmend professionalisierenden Beamtenschaft) baute Monarchie als Herrschaftssystem für ganz Frankreich aus
- Verschaffte ihr institutionelles Gefüge, das den Bedürfnissen eines institutionellen Flächenstaats entsprach
- Hüter dieser Traditionalität der Zentrale war und blieb der königliche Rat in seiner alten Funktion; verwaltungsmäßige Modernität drang ein, indem sich unterhalb des conseil eine in direkter, persönlicher Abhängigkeit vom Monarchen stehende Form von Fachverwaltung ausbildete
- Im Zusammenhang mit Prozess der Institutionalisierung wuchs Bewusstsein vom Staatscharakter des Königreichs → Königen, Beamten und Untertanen wurde immer bewusster, dass Frankreich nicht nur der Herrschaftsraum des legitimen, dynastischen Königtums war, sondern zugleich etwas Unabhängiges, das Schicksal der Dynastie Überdauerndes: ein Staat in dem nun allmählich entstehenden, modernen Sinn

2. Religiöse Verehrung des Monarchen
- Legitimationsbemühungen der Monarchie und unablässige Betonung ihrer geistig-religiösen Grundlagen
- Religiöse Verehrung des Monarchen in breiten Bevölkerungsschichten wurde im 17. Jahrhundert vor Hintergrund der nach den Religionskriegen erneuerten katholischen Spiritualität massiv gesteigert
- Unter Ludwig XIII. und Ludwig XIV. wuchsen Katholizität und Königtum in Person des Monarchen zu einer festen Einheit zusammen (religiöse Verehrung des Königs)

3. Merkantilismus
- Staatlich geförderte Wirtschaftspolitik in einzelnen Sektoren ("Merkantilismus")
- Wurde durch Instrument des königlichen "Privilegs" vorangetrieben
- Folge: Mehr Ausgaben/Aufgaben für königliche Verwaltung

Finanzen und Verschuldung
- Prinzip der Verschuldung spielt herausragende Rolle
- Staat ist auf solvente Gläubiger im In- und Ausland angewiesen
- Folge: Mobilisierung von Geld wird politische Aufgabe
- Maßnahmen: Ausweitung des Ämterhandels, Systems von Kronfinanciers, System der Steuerpachten
- Wachsende Netzwerke des Monarchen zu wohlhabenden (bürgerlichen, adeligen, bäuerlichen) Untertanen für Finanzierung

Privilegien und Patronage
- Prinzip der Patronage ist zentrales Funktionselemente der französischen Monarchie des 17. und 18. Jahrhunderts
- Nach Wiedererstarken der Monarchie setzten adeligen Gouverneure auf Kooperation mit dieser → spielten bei Staatsfinanzierung eine Rolle, trugen zur politischen Loyalität der vielgliedrigen Gesellschaft des Ancien Régime gegenüber der "absoluten" Monarchie bei

V. Absolutismus im übrigen Europa
Frankreich - kein Vorbild
- Hof, Sprache und Kultur Frankreichs entfalteten im Barockzeitalter gewaltige Wirkung im übrigen Europa
- Diplomatie des Sonnenkönigs war Herr des politischen Geschehens in Europa
- Erbherzogtum Österreich (inkl. Böhmen und Ungarn):
  - Stärkste Macht im Heiligen Römischen Reich
  - Politik Karls V. ist an mittelalterlichen Reichsvorstellungen orientiert
  - Wird nicht dem Begriffsfeld "Absolutismus" zugeordnet
- Karl V. überträgt Herrschaft seinem Bruder, Erzherzog Ferdinand von Österreich
- Positiv, weil Ferdinand steht für zeitgemäße Entwicklungstendenzen in Staat und Politik; wurde für Österreich-Böhmen-Ungarn so etwas wie ein "Neuer Monarch"
- Zwei gegenläufige Tendenzen im österreichischen Staatsbildungsprozess vom späteren 16. Jahrhundert bis zu Leopold I.:
- 1. Erfolgreiche Prozess der Gegenreformation, der mit Ausbildung eines Herrschertypus und eines Hofsystems verbunden war (Typus "absolute Monarchie" zuordbar)
- 2. Keine manifeste Form staatlicher Zentralisierung → Kein zentralistisches Übergewicht in Wien, keine Provinzialverwaltung für Erbländer oder Königreiche Böhmen und Ungarn
- Nicht Zentralismus und Absolutismus kennzeichneten es, sondern höfisch-ständischer Paternalismus, der auf engen Symbiose von Dynastie und führenden Adelsgeschlechtern der Länder beruhte
- Kaiser ließ Adel gewähren, Regieren von Wien aus war nicht möglich, ohne örtlichen Interessen entgegenzukommen
- Hochadel und Klerus konnten über Landtage, in ständischen Einrichtungen und durch kaum instutionalisierbarer Kanäle mit Kaiser verhandeln
- Hätte Habsburgs Vorherrschaft in Mitteleuropa nur auf Regierungsmaßnahmen beruht, so wäre sie in der Tat äußerst schwach gewesen

- Maximilian I: Brach mit Brutalität mit Traditionen des verschwenderischen und improvisierenden Renaissancefürstentums und führte schon vor dem Dreißigjährigen Krieg Verwaltungsreformen durch, die dem Herzogtum ein deutliches monarchisch-zentralistisches Gepräge gaben
- Absolutismus nicht nur Modell zur Organisation der Zentrale, sondern auch zur Durchdringung des Untertanenverbands (Adels)
- In dieser Hinsicht ist Absolutismus in der gesamten frühen Neuzeit in den preußischen Staaten ein Phantom geblieben

- Mit Christian III. (1534 - 1559) und Gustav Wasa I. (1523 - 1560) verfügten Dänemark und Schweden über Herrschergestalten im Sinne der "Neuen Monarchie"
- Agierten jeweils in enger Kooperation mit Reichsrat (vom hohen Adel beherrscht)
- Herrscher blieben wegen Nachfolgeordnung von ständisch beherrschten Ratsgremium abhängig: Beide Reiche waren Wahlkönigreiche, keine Stabilität einer dynastischen Erbfolge, die in Frankreich, Österreich und Brandenburg-Preußen die Grundlage der königlichen Machtstellung bildete
- Es herrscht ein System der „voll entwickelten Adelsherrschaft"
- Reichsrat sicherte Adel den ausschließlichen Zugang zu den Ämtern
- Dänischer Adel wurde im frühen 17. Jahrhundert "zu einer in sich geschlossenen Kaste mit Herrschaftsmonopol"

- Gustav Wasa gelang es, machtvolle Position des Reichsrates durch paternalistischen Absolutismus zu unterlaufen und sich dabei auf die unteren Stände zu stützen
- Unter ihm wurde Schweden eine Erbmonarchie (monarchia mixta)
- Massiver Verfassungskonflikt um 1680: Untere Stände forderten "Reduktion" (Rückübertragung der von der Krone an den Hochadel verteilten Güter) und boten König dafür unbeschränktes, d.h. vom Reichsrat und seiner Charta nicht mehr zu kontrollierendes Regiment an
- Wurde auf Reichstag von 1680 institutionalisiert → Reichsrat verlor wichtigstes Privileg, Mittler zwischen Volk und König zu sein, und wurde in königlichen Rat umgewandelt
- Dänemark und Schweden sind "absolute" Monarchie
- Mit Freiheitszeit ab 1720 und Aufwertung der Position des Reichstags traten in Schweden nahezu vor-parlamentarische Zustände ein
- Russland: Unterscheidung von "Autokratie" und "Absolutismus"
- Autokratisch ist Regierungssystem, das nur auf Herrscherindividuum zugeschnitten ist und über die für die übrigen europäischen Staaten kennzeichnenden "Zwischengewalten" (Adel, Klerus, Gerichtsinstitutionen, Korporationen) verfügt
- Russische Autokratie war zwar dem Absolutismus verwandt, hatte aber keinen "gesellschaftlichen" Unterbau, wie in den absoluten Monarchien in Europa
- Durch Übernahme der Theorie des aufgeklärten Absolutismus unter Katharina II. wurde Wandel auf ein dem Westen entsprechendes, absolutistisches Regime erreicht
- Zwischen Peter d. Gr. und Katharina wurde aus russischer Autokratie eine (importierte) absolute Monarchie, ohne dass "gesellschaftlicher Unterbau" dem in allen Details entsprach
- Katharina versucht 1762-1785 gesetzlich einen Adel zu schaffen
- Gelingt erst im 19 Jahrhundert und nicht so wie gedacht: Adel wurde zu eigenständigen Kraft, entwickelte dualistische Vorstellung vom russischen Staat, wurde zum wesentlichen Träger von Opposition
- Russland hat im 18. Jahrhundert, von der Autokratie kommend, durch Imitation und Import einen Absolutismus in "Reinkultur" geschaffen, wie er in keinem anderen europäischen Land vorlag

Unterschiedliche Größenordnungen
- Frankreich: Beim Weg von Zentrale in Provinzen ging viel Herrschaftsintensität verloren
- Knackpunkt: Ist Regierung in der Lage, Herrschaftstechnik zu entwickeln, die trotz der Probleme der Distanzen und der Massen ein Höchstmaß an Effektivität erreichte?
- Dänemark hatte bis zum Ende der dänisch-niedersächsischen Phase des Dreißigjährigen Kriegs Großmachtambitionen, danach Konzentration auf sich selbst
- Dänemark wurde der erste europäische Staat, der im 18. Jahrhundert unter Führung bzw. Duldung der Krone zeitgemäße Reformen initiierte, es wurde der erste Protagonist des "aufgeklärten" Absolutismus
- Vorbedingung für Erfolg: Kleinheit und Überschaubarkeit des Staates und Verzicht auf Großmachtambitionen, Wendung nach innen

VI England
- Gilt als nicht-absolutistischer Staat, als "Alternative zum Absolutismus"
- England war einer der ersten europäischen Staaten, in denen sich Territorialisierung der Königsgewalt im Sinne eines dynastisch-institutionellen Flächenstaats durchsetzte

Besondere Strukturen und Ereignisse:
1. Schon im 15. und 16. Jahrhundert gab es eine das ganze Land umfassende und repräsentierende Ständeversammlung
- Beide Häuser des Parlament ("oberes": Aristokratie und Bischöfe (house of lords), "unteres": Gewählte Vertreter des Landadels und der Städte (house of commons)
- Beide Häuser konnten nur auf Einberufung des Königs tagen, was nur mit "bedingter" Regelmäßigkeit geschah

- Wichtig: Recht der Zustimmung zu Steuern
- Übergewicht der Krone war deutlich, und es wurde als Auswirkung ihrer Prärogative (weit gefasstes Rechts, Beschlüsse ohne Zustimmung des Parlaments zu fassen) akzeptiert
- Nirgendwo sonst in europäischen "absoluten" Monarchien hat nationale Ständeversammlung eine so starke Position errungen wie das englische parliament
- Grund: Beide Häuser wurden verhältnismäßig regelmäßig einberufen, im Parliament sammelten sich Führungsschichten des Landes ("politische Nation")

2. Lokalverwaltung: Amtes des Friedensrichters (justice of the peace)
- Amt vermittelte Ansehen, Beziehungen, Einfluss und leichten Zugang zu Unterhaussitz
- Friedensrichter verfügten über hohes Maß an Unabhängigkeit

3. Rezeption der Reformation
- Gründung der anglikanischen Staatskirche (brachte im 16. Jahrhundert so gut wie keine inneren Unruhen mit sich)
- England auf dem Weg in den Absolutismus: Konflikte über Frage, ob englische Monarchie mehr, als das bisher der Fall gewesen war, der "thèse royale" zuneigen, ob sie gar eine absolute Monarchie werden würde oder nicht
- Deutliche Betonung der staatskirchlichen Hierarchie
- Führte zu Schrecken und Empörung der Bevölkerung

England als Alternative zum Absolutismus
- Politische Nation Englands lernte verfassungspolitischen Errungenschaften zu verteidigen
- Hoher Stellenwert der Königsdynastie seit Mittelalter
- Problem: Ende der Tudor-Dynastie, Wechsel zu Stuarts
- "Fremdheit" der neuen (schottischen) Dynastie trug viel zur Konfrontation und zur Entfremdung der "politischen Nation" von ihrem angestammten Königtum bei
- Diese Revolutionen haben das verfassungsrechtliche Gesicht Englands in der frühen Neuzeit grundlegend verändert und dafür gesorgt, dass sich Absolutismus im Stile des Kontinents in England nicht durchsetzen konnte
- Politische Nation Englands hat sich im Verlauf der vorrevolutionären und revolutionären Konflikte des 17. Jahrhunderts Verfassungsrechten eroberte, die Verhältnis von Königtum und Untertanen bestimmten:
    o Stärkung der englischen Monarchie
    o Englischer König war im 18. Jahrhundert konstitutioneller Monarch und damit "starker" Monarch
- Seit 1688 wächst Bürokratie und Staatsmaschinerie
- Absolutismus im Sinne des weiteren Begriffs meinen möglichst starken, von inneren Bindungen und Hemmnissen freien Staat mit viel Kraft zur außenpolitischen Entfaltung → England entspricht im 18. Jahrhundert diesem Bild mehr als Frankreich
- Vorteil England: Durch im 17. Jahrhundert erreichten "konstitutionellen" Position hat englische Monarchie stabile innere Verhältnisse, kann äußere Initiativen erfolgreich durchführen
- Nachteil Frankreich: "Absolute" Monarchie Frankreichs muss mit komplizierten inneren Strukturen kämpfen, wurde im 18. Jahrhunderts im Inneren und nach außen schwächer und verlor schließlich Fähigkeit zu außenpolitischen Initiative

VII. Die Stellung der "Bürokratie" im frühneuzeitlichen Fürstenstaat
- Durchbürokratisierung wesentlicher Bereiche des Lebens liegt inneres Entwicklungsziel des modernen Staates ("Anstaltsstaat")
- Moderner Anstaltsstaat hat sich aus den wachsenden Bemühungen des Landesfürstentums immer größere Territorialbezirke mit Hilfe ihrer Verwaltung zu durchdringen, zu Modell des Staates als einer universellen "Anstalt" entwickelt

Beamtentum
- Formierung der europäischen Staatenfamilie im 15. und 16. Jahrhundert war von erheblicher quantitativen und qualitativen Ausweitung der bisherigen Amtsträgerschaften begleitet
- Neuer Stand (Letrardos): Hatten an spanischen Universitäten studiert, zeitweise erhebliche Nachfrage nach ihren Diensten bestand
- Grund: In Spanien wie Frankreich steigendes Bedürfnis des Fürstenstaates nach einem juristisch geschulten Personal für die Justiz- und Finanzverwaltung
- Expansionsdruck auch von unten: Staatsdienst kam Verlangen mittlerer und unterer Bevölkerungsschichten nach sozialem Aufstieg stärker entgegen als jeder andere Beruf

Vermehrung des Beamtentums im 16. Jahrhundert
- Bezahlung der Beamten ist problematisch für Fürsten
- Ausweg: Ausnutzung der Amtspfründe (Sporteln, Korruption, Ämterhandel)
- Folge: Funktionsverlust der Ämter
- Schon im späten Mittelalter und im 16. Jahrhundert blühte in Europa der Ämterhandel
- In Frankreich wurde er zur Existenzgrundlage des ganzen Standes der officiers
- Französischer König nutzte schon früh (seit Beginn des 16. Jahrhunderts) den Ämterverkauf als Instrument der Finanzpolitik
- Bezahlung der vielen Beamten erwies sich im 17. Jahrhundert (nach allgemeiner Handelskrise und Eintritt der Großmächte in langen, kostenreichen europäischen Krieg) als große Belastung

Reformen im 17. Jahrhundert
- Arbeit im königlichen Rat wurde für die wichtigen Angelegenheiten auf kleinen Kreis hochkompetenter Ratgeber konzentriert
- Aus dieser Kontrollfunktion wuchsen unter Ludwig XIV. schnell klare hierarchische Überordnung und schließlich Funktion der Intendanten als zentrale Figur der Provinzialverwaltung
- Grund für Erfolg: Gab genug Stellen, Ehren, Titel und Ämter, die der Bevölkerungsschicht gegen Bezahlung angeboten werden konnten, gab auch Institutionen und Korporationen, die im Kauf eines königlichen Privilegs für ihre Mitglieder Sinn ihrer Existenz sahen

Brandenburg-Preußen
- Commissaire: Konnte sein Amt nicht kaufen, sein Auftrag war widerrufbar, es war eine commission, er konnte von ihr jederzeit durch den König entbunden werden
- Amt verstetigte sich im Laufe der Zeit institutionell, doch prinzipiell blieb Abberufbarkeit des Amtsinhabers ebenso erhalten wie Unverkäuflichkeit des Amtes
- Kurfürstentum Brandenburg hatte nichts von einer "Neuen Monarchie", wuchs erst allmählich zu einer Einheit zusammen, als Zeiten der expansiven Renaissancemonarchie (und deren günstige konjunkturelle Bedingungen) längst vorüber waren

Beim Vergleich mit Frankreich hervortretende Besonderheiten:
1. Moderne Bürokratie Brandenburg-Preußens hat zunächst militärischen Ursprung
2. Für Zivil-, und Justizverwaltung behalf man sich lang mit vorhandenen ständischen Institutionen
3. Finanzierung
- Ämterkäuflichkeit ist bekannt, aber wird nicht angewandt
- Auf höchste Sparsamkeit ausgerichtete Finanzierung der kleinen Bürokratie und des Heeres durch Staat durch zwei Finanzquellen: Einkünfte aus Domänen und Steuern, in geringen Umfang durch Anleihen

- Besondere soziale Voraussetzung: Preußische Kurfürsten und Könige des 17. und 18. Jahrhunderts haben alten Adel ihrer zersplitterten Staatenwelt in neuen Staat integriert und ihn zum Träger der Bürokratisierung im Heerwesen und in Zivilverwaltung gemacht

- Spätestens in der Mitte des 18. Jahrhunderts waren alle Offiziersstellen im preußischen Heer und die wesentlichen Stellen der Zivilverwaltung in der Hand des Adels
- Seit Reformation gibt es keinen Klerus mehr, auch kein starkes Bürgertum vorhanden → Adel war dominante ständische Kraft, Gegenpol zu Kurfürsten
- Bereitschaft zu Zugeständnissen an den Adel war beträchtlich: Garantierten Adel seine Stellung als dominanter Herrschaftsstand auf dem Lande
- Gegenleistung: Kurfürst erhielt Zustimmung des Adels zur direkten Besteuerung des Landes zum Aufbau eines stehenden Heeres
- Forschung: "Kompromiss" trug wesentlich dazu bei, dass das Königreich Preußen, von inneren Konflikten nahezu unberührt, trotz seiner schwachen Ressourcen im europäischen Mächtekampf eine herausragende Position erringen und behaupten konnte

Deutsche "Polizeistaaten"
- Mit unaufwendigen Hofwesen und kleinen Beamtentum erreichten sie hohes Maß an Effektivität in der inneren Verwaltung
- Bezog sich auf Justiz und Finanzen und Felder wie Armen- und Gesundheitsfürsorge, Wirtschaftspolitik, Schulversorgung
- Drittes Bürokratiemodell, das als typisch protestantisch-deutsch bezeichnet werden kann
- Funktioniert nur, wenn Staaten darauf verzichteten, am europäischen Mächtegeschehen teilzunehmen (Großmachtpolitik zu treiben) und damit in Verschuldung zu geraten

Patrimoniale Grundlagen
- "Patrimonialismus": "zum Besitz des Herrn, zum Herrn gehörig"
- Bezogen auf Geschichte des Beamtentums: Beamter ist Bestandteil des Patrimoniums seines Herrn, erhält Funktionen durch Herrn, "gehört" ihm, ist allein durch ihn legitimiert
- In der frühen Neuzeit, auch im späten 18. Jahrhundert, waren Beamten der Fürstenstaaten überall noch persönliche Diener ihrer Herren
- Änderung als frühneuzeitliche Fürstenstaat zugrunde ging bzw. durch Einbezug ständischer oder gar parlamentarischer Versammlungen einer stärkeren Kontrolle unterworfen wurde („konstitutionalisiert" wurde)
- Jetzt waren Beamten nicht mehr nur Fürsten allein gegenüber verantwortlich, sondern auch diesen Versammlungen und dem ganzen Staatswesen, dem sie nun als "Staatsdiener" ihre Arbeitskraft zur Verfügung stellten
- Wurde in Frankreich durch die Revolution herbeigeführt, in allen übrigen europäischen Staaten aber erst im Verlauf des 19. Jahrhunderts erreicht

VIII. Absolutismus und Heerwesen: Vom Söldnerheer zur "gesponsorten" Armee
Die "militärische Revolution"
- Erneuerungen auf allen Feldern des militärischen Geschehens (Waffentechnik, Disziplin, Taktik und Strategie, Mannschaftsstärken, Kriegsmarine)
- Militarisierung des gesamten Lebens in allen Teilen Europas ist Grundtatbestand frühneuzeitlicher Geschichte, unabhängig von Art und Größe des jeweiligen politischen Systems

Ursachen für Militarisierung Europas in der frühen Neuzeit:
- Seit spätem 15. Jahrhundert waren bedeutendere Staaten Europas Bestandteil eines internationalen Staatensystems, das vom Prinzip der Mächtekonkurrenz in Gang gehalten wurde
- Krieg im 17. Jahrhundert als legitimes Instrument des politischen und wirtschaftlichen Konkurrenzkampfes
- Arrondierung des eigenen Territoriums stand im Vordergrund
- Reformation führte im Verlauf des 16. und 17. Jahrhunderts zu einer ganzen Kette von Schlachten
- Auch Adelsfronden, Bauernaufstände, Revolten in den Außenbezirken der großen Städte trieben Prozess der Militarisierung voran (schwachen Polizeikräfte reichen nicht aus)

- Rekrutierungsgebiet der großen Armeen: Durch Bevölkerungsaufschwungs des 16. Jahrhunderts genug "Überschußbevölkerung" vorhanden um Heere aufzubauen und zu ergänzen

Absolutismus und Militarisierung
- Für große Monarchien war Position im internationalen Mächtesystem sehr wichtig
- Um militärisch gut da zustehen, mussten sie "stehende Heere" aufbauen (Söldnerheere machen zu abhängig)
- Zwischen 1600 und 1760 vergrößerten europäische Heere ihre Kopfstärke um das Fünffache, ihre Feuerkraft etwa um das Hundertfache
- Nachfrage nach neuen Militärinstitutionen, neue Befehlsstruktur in Führung und Verwaltung der Heere, neue Formen der Kommunikation und Organisation im Nachschubwesen und neue Stellung der Kriegsmacht im und zum Staat
- 17. Jahrhundert: Europäischer Territorialstaat besitzt stehende", d.h. auch in Friedenszeiten unterhaltenen und im Kern aus langdienenden Berufssoldaten zusammengesetzten Heere
- Oberster Befehlshaber und Kriegsherr war Landesherr; das Heer als Institution des Staates, nicht mehr als Privatunternehmung eines unabhängigen Kondottiere, unterstand dem König
- Zusammen mit Hierarchisierung der militärischen Führung wuchs militärische Disziplinierung der Mannschaften. Regulierung
- Verwandlung der älteren Söldnerheere in moderne Königsheere
- Wie in der zivilen Verwaltung unterstand jetzt alles der Kontrolle des Königs

Frankreich
- Neue staatliche Heere brauchen auch geordnete innere soziale Verhältnisse
- Besonderheit französisches Herr: Stehendes Heer wie überall, aber man variierte Truppenstärken in Krieg und Frieden (weniger Unterhalts- und Versorgungsprobleme)
- (Provinz)Adel fand in dem neuen Heer ein neues Betätigungsfeld (Militäradel)
- Damit gewann auch im Heer Klientel- und Patronagewesen eine starke Position

Brandenburg-Preußen
- Bis zum Regierungsantritt Friedrich Wilhelms I. (1713-1740) stand Adel dem Heer feindlich gegenüber
- Erst der "Soldatenkönig" erkannte den Wert eines beständigen, in der Sozialstruktur des Landes verankerten Offizierskorps
- Dienst bei ausländischen Fürsten wurde verboten
- Preußischer Staat bezahlte beträchtlichen materiellen und personellen Leistungen des Adels für sein Militärsystem mit der fast vollständigen sozialen und politischen Privilegierung des ritterschaftlichen Adels in seinen Gutsbezirken
- Das gab Adel umfassende Freiheit nach unten (gegenüber seinen Bauern) und sicherte ihn auch nach oben (gegenüber der Krone und ihrer Bürokratie)

Die sozialen Grundlagen der Heere
- Rekrutierung und Ergänzung der Mannschaften beruhte auf freier Werbung
- Folge: Jedes Heer war buntes Völkergemisch, was der Ausbreitung des modernen Disziplingedankens zunächst enge Grenzen setzte
- Adelige Offiziere rekrutieren ihre Kompanien vor allem in eigenen Provinzen, Zahl der Regimenter wurde in Friedenszeiten erheblich reduziert
- Folge: Französisches Herr wurde „französischer" und zugleich beweglicher und schlagkräftiger
- Als unter Friedrich Wilhelm I. Bedarf an Soldaten sprunghaft zunahm, verschärfte sich Druck auf bisher schon hart betroffenen bäuerlichen Bevölkerungsschichten
- Werbung wurde den Regimentsoffizieren übertragen → Werbemethoden wurden brutaler

- Staat und Adel waren auf einen leistungsfähigen Bauernstand angewiesen, der eine für sein Steueraufkommen, der andere für den Ertrag seiner Güter
- "Kantonreglement": Beruhte auf Zwang und unterschied sich somit von der sonst weithin gängigen Praxis der freiwilligen Werbung
- Mit Einrichtung fester Aushebungsbezirke ("Kantone"), mit geregelter Abgrenzung von Dienst- und Urlaubszeit fasste es den Zwang jedoch in klare Regeln und schuf damit Voraussetzungen für eine die Interessen des Heeres und der Landwirtschaft berücksichtigende, die Idee des stehenden Heeres und der Miliz

IX. Das Hofsystem der absoluten Monarchie: Die Partizipation der Eliten
Höfe im 16. Jahrhundert
- Epoche der barocken Hofkultur im 17. und 18. Jahrhundert, die mit den Rokkokohöfen und Funktionsverlust der alten Fürstenstaaten im Verlauf des 18. und frühen 19. Jahrhundert ausklingt
- Spanien: 1561 wählte Philipp Madrid zum ständigen Sitz des Hofes
- Folge: Zentralisierung aller Beratungs- und Verwaltungsvorgänge um Hof in Madrid
- „Schreibtischregierung": Möglich, Amtshandlungen über riesige Territorien hinweg auszuführen
- Eliten des Riesenreichs waren am Hof nicht präsent, wurden bei Anliegen auf bürokratischem Wege bedient
- Jahrhundert zwischen 1560 und 1660 war Krisenepoche: Religionskrise, Krise des alteuropäischen Adels, dynastische Krisen, Wirtschaftskrisen im Zeichen des allmählich seine Dynamik verlierenden Aufschwungs des 16. Jahrhunderts, schließlich allumfassende politische Krise, die in den Dreißigjährigen Krieg mündete

Versailles
- Während der Hof Philipps II. vor allem als bürokratisches Zentrum eines Riesenreichs überliefert wurde, war Versailles Schauplatz der königlichen Selbstdarstellung (vor allem gegenüber dem Ausland, als Bestandteil der auf europäische Hegemonie zielenden Herrschaftsausübung)
- Entscheidende Rolle bei Selbstdarstellung spielte das Bild des Königs im Ausland
- Viele Nachahmungen, Schloßanlagenstandard wurde international üblich
- Nach innen gerichtete Komponente: Nutzte hohen Adel als Staffage und band sie an sich
- Hof in Versailles und das ganze Hofsystem brachte Hochadel zur Ruhe
- Versailles war Erfolg: Innere Ruhe war (außer hegemonialen Ambitionen des Königs) einer der wichtigsten Zwecke des Hofsystems
- Versailles wird jedoch nach Tod von Ludwig XIV. unmodern

Österreich
- Wiener Hof konnte sich als Zentrum der Regierung und zugleich einer neu formierten höfischen Gesellschaft mit Versailles messen
- Blieb mit seinen Standorten Hofburg und Schönbrunn immer mitten in Wien, sodass sich der Eindruck besonderer Herausgehobenheit (wie Versailles) nicht einstellte
- Nach einem Jahrhundert schwerster Krisen fand der europäische Adel an den Höfen der neu formierten Fürstenstaaten ein neues Selbstverständnis und eine neue Identität (trug zur Stabilität des politischen Systems bei)

X. Finanzen und Wirtschaft
Der Übergang vom 16. zum 17. Jahrhundert
- Problem: In Kriegszeiten wuchs Finanzbedarf der Monarchen sprunghaft an
- Mit Ausweitung der Staatsbildung wurde Finanzwesen immer wichtiger
- Bürokratie, Heerwesen und Hofsystem entwickelten sich zu großen Kostenfaktoren
- Im Renaissancezeitalter konnten Staaten in finanzieller Hinsicht noch relativ frei handeln
- Verhältnismäßig sorgloses Wirtschaften z.B. durch Reformation und Zugriff des Fürstenstaats auf das Kirchengut

- Phase der Stagnation oder des Preisrückgangs
- Im 17. Jahrhundert trugen die kleinen und kleinsten Einkommen und Vermögen die Hauptlast der Besteuerung, Grenzen der Belastbarkeit waren gerade in Zeiten einer schlechten Konjunktur schnell erreicht
- Folge: Fürsten gaben Steuerverwaltung an private financiers, die ihnen durch Zahlung von Pauschalsummen vorab "schnelles Geld" zur Verfügung stellten und sich anschließend bei der Eintreibung der ihnen zugewiesenen Steuereinkünfte schadlos hielten

Verschuldung in Frankreich
- Frankreichs Außen- und Kriegspolitik in den Kriegsjahren Ludwigs XIV nahm keine Rücksicht auf finanziellen Möglichkeiten des Landes
- Folge: Verschuldungssockel, der bis zur Revolution nie mehr vollständig beseitigt wurde
- Verschuldung wurde zum Strukturmerkmal der Monarchie des Ancien Régime und zum Treibriemen ihrer Auflösung in den Jahren vor der Revolution
- Frankreich war in der frühen Neuzeit ein reiches Land, Problem des Königs war es, diese Vermögen für den Staatshaushalt (Bedürfnisse seiner Politik) zu mobilisieren
- Folge: Verfahren um an Vermögen zu kommen (haben Charakter des französischen Ancien Régime bis zur Revolution geprägt) → mittel- und langfristige Staatsrenten, Ämterschöpfungen, Ämterverkauf, Ausbietung und Verkauf von Privilegien aller Art, Nutzung und Ausbau des korporativen Aufbaus der französischen Ständegesellschaft

Dänemark und Bayern
- Dänemark hat sich im Verlauf des Dreißigjährigen Kriegs aus der großen europäischen Mächtepolitik zurückgezogen
- Schon in 1660er und 70er Jahren reformierte dänische Verwaltung ihr Steuersystem (allgemeine Verbrauchs- und Kopfsteuer, Grundsteuer)
- Bayern: keine finanzielle Konsolidierung, es fehlten in barocken Bayern Reformimpulse
- Hoher Schuldensockel der die jährlichen Staatseinnahme weit übertraf

Österreich
- Situation: Viele einzelne Landschaften und Stände
- Folge: Finanzpolitik in Österreich war in der frühen Neuzeit dauerndes Suchen nach Kompromissen zwischen dem Kaiser und seinen zahlreichen Ständeversammlungen bzw. ständischen Ausschüssen
- Habsburgische Finanzverwaltung hatte im 17. und im 18. Jahrhundert ein dauerhaftes Defizit, weil Österreich im Mächtekampf nach Westen wie nach Osten immer wieder militärische Position behaupten musste
- Österreichische Monarch war auch Kaiser, der in Zeiten der Türkengefahr und der französischen Überfälle die Hilfe anderer Reichsstände mobilisieren konnte
- Deshalb waren Reformen in Österreich nicht dringend nötig, wurden erst im 18. Jahrhundert unter Maria Theresia und Joseph II. aufgenommen → umfassenden Verwaltungsreform, wie sie für Epoche des aufgeklärten Absolutismus kennzeichnend war

Brandenburg-Preußen
- Preußische Staatseinnahmen beruhten auf Einkünften aus Domänen und Steuern in Stadt und Land
- Frühneuzeitliches Preußen war extrem sparsamer, der "Verschwendung" verschlossener Staat (Hofsystem war niemals aufwendig)
- Verglichen mit Frankreich fehlten in Preußen die privaten Vermögen für eine massive Verschuldungspolitik
- Finanzpolitik war und blieb in Preußen immer Angelegenheit des Königs selbst und damit einer streng auf die politisch-militärischen Ziele verwiesenen Haushaltspolitik

Merkantilismus

- Begriff dient er zur Charakterisierung der Aktivitäten der frühneuzeitlichen Fürstenstaaten, die auf Staatsintervention, Staatstätigkeit, Protektionismus hinausliefen
- Charakter eines umfassenden Wirtschaftssystems
- Ziel: Schaffung einer positiven Handelsbilanz für den eigenen Staat, Verarbeitung Edelmetallbestände im eigenen Land
- Vorläufer: Italienische Stadtstaaten des 14. und 15. Jahrhunderts (kleine wirtschaftliche Kosmen, die Fülle merkantilistischer Praktiken entwickelt und erfolgreich praktiziert hatten und nun zu Lehrmeistern der großen, monarchischen Flächenstaaten wurden)
- Erfolg: Beste Ergebnisse dort, wo Befolgung konsequenter Staatstätigkeit in der Wirtschaft gut zu planen und zu kontrollieren war, in Stadtstaaten und in kleinen Fürstenstaaten mit überschaubaren sozialen und wirtschaftlichen Strukturen
- Merkantilismus, "vernünftig" praktiziert, war also in einer von Rezessionen gezeichneten Epoche wie der nach dem Ende des Dreißigjährigen Kriegs eine naheliegende Theorie

Privilegien als Instrument des Merkantilismus
- "Ausnahmegenehmigung" in einem sonst dem König vorbehaltenen Feld
- Wirtschaftlich sinnvoll eingesetzt gehörten Privilegien zu den wichtigsten Instrumenten einer vom Monarchen ausgehenden "Wirtschaftspolitik"
- Vergabe von Privilegien an einzelne, Gruppen, Korporationen, Städte, selbst ganze Provinzen war Mittel der französischen Finanzpolitik zur Kapitalmobilisierung und zur Schaffung einer dauerhaft mit dem Staat verbundenen Schicht von Interessenten
- Merkantilismus war weniger Programm zur Wirtschaftsförderung sondern Instrument zur Geldabschöpfung

XI. Fürstenstaat und Kirchen
- Protestanten: "dem Staat überlassen, was des Staates ist" (Gehorsam gegenüber der Obrigkeit, außer, wenn diese sich in Glaubensangelegenheiten einmischte)
- Folge: Enges Verhältnis zwischen staatlicher Obrigkeit und lutherischer Landeskirche, typisch für Entwicklung der kleineren deutschen Territorien und lutherischen Königreiche Dänemark und Schweden

Landesherrliches Kirchenregiment
- Ergebnis der Konfessionsbildung in lutherischen Staaten, war durch große Nähe von Staat und Kirche gekennzeichnet
- Landesherr selber wurde zum territorialen Oberhaupt (Bischof) der Kirche
- Entwicklung: Klare Überordnung der territorial-weltlichen Gewalt über die kirchliche
- Ergebnis: Deutlich spürbare Unterordnung der Kirche unter den Staat
- Frühneuzeitlicher Fürstenstaat war bei Konfessionen sehr parteiisch

Bayern und Österreich
- In Bayern und Reich der Habsburger waren seit der großen Krise des Dreißigjährigen Kriegs und ihrer Beendigung im gegenreformatorischen Sinne Monarchien unangefochtenen Träger der kirchlichen Entwicklung
- Bayern und Österreich (mächtepolitische Rivalen im Verlauf des 17. und 18. Jahrhunderts) bildeten katholische Führungsmächte im Reich
- Mittel: Massive Konfessionalisierung ihrer Territorien

Frankreich
- Französischer Fürstenstaat unter Ludwig XIII. und Ludwig XIV. war nicht konfessionell neutral
- Ziel: Katholische Führungsmacht in Europa werden und Habsburger Monarchien auch diese Machtchance streitig machen
- Symbiose von Königs- und Gotteskult führte bei der breiteren Masse der "Beherrschten" zur "Heiligung" der weltlichen Herrschaft

Drei unterschiedlich starke und unterschiedlich wirksame Richtungen:

1. *Gallikanismus:* "Mehrheitsfraktion" des französischen Katholizismus und eigentliche "staatskirchliche" Strömung
2. *Richerismus:* Geht auf Pariser Theologen Edmond Richer (1560-1631) zurück, die aus der Sicht ihres Begründers ins Zentrum des Gallikanismus gehörte, durch ihre Betonung der konziliaren Lehre aber eine kritische Wendung gegen eine allzu stark auf den König zugeschnittene Kirchenverfassung enthielt
3. *Jansenismus:* Geht auf niederländischen Theologen Cornelius Jansen (1585-1638) zurück, innerkatholische, theologische Opposition gegen jesuitische Gnadenlehre. Kirchenpolitisch gegen den Einfluss des Papsttums auf Nationalkirchen eingestellt, wurde er im späten 17./ 18. Jahrhundert zu einer politischen Oppositionsbewegung gegen Jesuiten, Rom und Königtum

- Königtum hat im 17. und 18. Jahrhundert nie konsequente Einstellung zu Richtungen des französischen Katholizismus
- Grund dafür, dass Konflikte um kirchliche Themen im Verlauf des gesamten Ancien Régime auf der Tagesordnung standen
- Königtum setzte im Jansenismusstreit zwar die Interessen der staatlichen Gewalt gegenüber dem eigenen Klerus und seinen Anhängern in den staatlichen Institutionen durch; doch es bewirkte damit allenfalls vorübergehende, äußerliche Ruhe, keinesfalls Zustimmung und, auf Dauer gesehen, einen gravierenden Legitimationsverlust.

Brandenburg-Preußen
- Protestantische Herrscher haben keine geistliche Autorität außerhalb ihres Territoriums
- In Bevölkerungen entsteht konfessioneller Pluralismus → Voraussetzung für brandenburgisch-preußische Version von Toleranz, die den Sozinianern und Hugenotten im 17. und den schlesischen Katholiken im 18. Jahrhundert zugutekam
- Staatlich indizierte Toleranz beruhte auf deutlicher Unterordnung der Kirche unter den Staat, Kirche "im Schatten des Staates"

XII. Aufgeklärter Absolutismus oder Reformabsolutismus?
Die europäischen Monarchien im 18. Jahrhundert
- Absolute Monarchien im 18. Jahrhundert → schwerfällige politische Gebilde
- Durch Finanzknappheit bildeten sich problematische Strukturen (Hohe Steuern, Zölle und Abgaben; hohe Schuldendienste; Förderung von Wirtschaftsinitiativen mit Privilegien; Aufbau von umfänglichen, semi-privaten Finanzierungsstrukturen
- Prägte sich in größeren Ländern stärker aus als in kleineren deutschen Fürstentümern (entwickelten sich schon im 17. Jahrhundert zu "wohlgeordneten Verwaltungsstaaten")
- Reaktion: Idee der Kritik und der Reform, veränderte Sicht von Herrschaft und Königtum
- Prinzip: Religiöse Aura abbauen, vernunftgemäßes, auf die Beherrschten bezogenes Handeln wird zur obersten Pflicht
- Beispiele: Friedrich der Große, Katharina II., Joseph II.
- Frankreich hat keinen "aufgeklärten" Monarchen, hielten an traditioneller, auf Gottesgnadentum beruhenden Herrschaftskonzeption fest

Die neue Herrschaftstheorie → *"aufgeklärter Absolutismus"*
- Situation: Monarchische Regime wurden durch Idee des Parlamentarismus und Demokratisierung immer nachdrücklicher in Frage gestellt, aufgeklärter Absolutismus bietet Ausweg
- Prinzip der Herrschaftskonzeption: anti-sakral, rational, weg vom Gottesgnadentum hin zu "dienendem" Amtsverständnis (Monarchie steht im Dienst der Allgemeinheit)
- „Vertrag zwischen König und Volk"
- Aufklärer unterschieden sehr genau zwischen Herrschaftsbegründung, die nicht mehr auf dem Gottesgnadentum, Tradition und Dynastie stand, sondern auf Naturrecht und Herrschaftsvertrag

Reformabsolutismus
- Reformen des frühneuzeitlichen Fürstenstaats mit Ziel, wirtschaftliche und finanzielle Ressourcen besser zu mobilisieren
- Ziel: Durchsetzung eines rationalen staatlichen Verwaltungshandelns von Regierungszentrale bis auf Provinzen, Ausweitung des Staatseinflusses auf Verhältnisse "vor Ort" (Möglichkeit, in bestehende, Herrschaftsbeziehungen einzugreifen)
- Ziel: Abbau von Privilegien für Modernisierung der inneren Staatsverhältnisse
- Soll zum Wohl der Untertanen und im Interesse des "Staates" geschehen
- Beispiele: Zunft- und Gildenreformen zur Öffnung der städtischen Wirtschaftsräume, Kirchenreformen, Heeresreformen, etc.
- Viele Reformen scheiterten schnell → Aufklärerische Reformpolitik stieß in vielen Ländern auf unüberwindliche Widerstände

Die Gegner der Aufklärung
- Widerstand lässt sich nicht eindeutig sozial definieren
- Gegner waren Gruppen, Institutionen, Klans, Personen, die bis dahin eng und unlösbar mit dem Fürstenstaat kooperiert hatten
- Reformen bringen Unruhe in soziale Trägerschichten der Monarchie
- Folge: Adel, der durch Monarchie privilegiert wurde, wurde von Reformen ausgespart, diese beschränkten sich auf Veränderungen in Städten und auf Domänen

Die Anhänger der Aufklärung
- Verantwortlich für zahllose (oft gescheiterte) Reformversuche im europäischen Fürstenstaat des 18. Jahrhunderts waren Ratgeber, Minister, Beamten
- "Gebildete" um Fürsten herum → aufgeklärtes Staatspersonal, das durch Schule der Aufklärung gegangen war

Die Fürsten
- Jede Reform bedrohte Interessen einer mit dem königlichen Finanzsystem verbundenen Gruppe → diese wehrten sich gegen Reformen
- Folge: In Frankreich wird seit Ende des Siebenjährigen Kriegs (1763) vieles versucht und wieder schnell resigniert
- Friedrich der Große und Joseph II. waren konsequente Anhänger der Aufklärung, ließen sich allerdings nur so weit darauf ein, das eigenes Regiment nicht gefährdet war

Ergebnisse
- Auswirkungen der aufklärerischen Reformideen sind begrenzt geblieben
- Gründe:
  - Durch Französische Revolution sind reformerische Ansätze in Politik vieler europäischer Staaten unterbrochen worden
  - Große Hast der Reformen → Schnelles und überhastetes Vorgehen überforderte die Länder

XIII. Schluss: Absolutismus - doch ein tragfähiger Begriff?
Drei unterschiedliche Sprechweisen:
1.
- Bezog sich auf fürstliche Regime des späten 16.,17. und 18. Jahrhunderts, die aus Kooperation mit Ständen (Adel) heraustraten (ohne Stände förmlich "abzuschaffen") und aus eigener Macht regierten

2.
- Ging von der historischen Realität des späten 18. und frühen 19. Jahrhunderts aus
- Bezeichnete unmodernen Regime, die politische Partizipation ständischer oder frühparlamentarischer Provenienz verweigerten
- Verschaffte der vorangehenden Epoche des 17. und 18. Jahrhunderts negatives "Image"

3.

- Systematischer, politisch-soziologischer Begriffsgebrauch
- Begriff "Absolutismus" als umfassendes Regierungssystem mit Auswirkungen auf gesamte von einem absoluten Monarchen beherrschte Gesellschaft
- War für Konstituierung einer Epoche des "Absolutismus" verantwortlich
- Bildet Problem, wenn es um Neubesinnung auf historische Erscheinung des Absolutismus geht

- Für alle drei Begriffe gilt, dass sie politisch-staatliche Teilwirklichkeiten zu einer umfassenden Realität stilisieren, die es so in nicht oder nur vorübergehend gegeben hat
- Ergebnis: Absolutismus gilt nicht als überragendes Kennzeichen der Epoche, sondern als Tendenz unter vielen anderen
- Neue Charakterisierung der Epoche:
    - Europäische Staatenwelt des späten Mittelalters war der monarchischen Herrschaftsform überall günstig (geeignete Vorbildern und Vorläufer)
    - Im Staatenwettbewerb waren Monarchien besser in der Lage, Machtmittel zu mobilisieren
    - „Einherrschaft" problematischer Begriff: Hinter jedem monarchischen Regiment stand gebündelte Kraft der Dynastie
- Fakt: In Aufklärung und wirtschaftlichen und sozialen Veränderungen des späteren 18. Jahrhunderts endet Epoche des dynastischen Fürstenstaat → Gottesgnadentum und Dynastie reichten für Herrschaftsbegründung der "Einherrschaft" nicht mehr aus

Nachtrag zu Forschungsentwicklung und Forschungsstand
- Konsens: Absolutismus ist eine auf unumschränkte monarchische Herrschaft angelegte Staats- oder Herrschaftsform
- Epochenbegriff „Absolutismus" wurde von der seriösen Forschung fallen gelassen, geblieben ist Idealtypus absolutistischer Herrschaft
- Nur Dänemark seit 1660/65 und Schweden unter Karl XII. (1697-1718) gelten als Beispiele „absoluter Herrschaft" (Fürstenherrschaften unter weitgehender Zurückdrängung der Stände)
- Überzeugende Alternativen zum „Absolutismus" sind derzeit nicht sichtbar
- Wandel: Nicht mehr dualistisches Modell Fürst versus Stände bzw. Fürst gegen Adel, sondern Stände und frühmoderner Staat sind keine unüberbrückbaren Gegensätze
- Landstände und Zentralgewalt kooperierten sogar miteinander
- Brandenburgisch-preußischer „Absolutismus": „Friedlichen Koexistenz" zwischen zentraler Bürokratie und lokalen Eliten (Win-win-Situation, Einfluss vor Ort gegen Karriere)
- Staatsbildung gelang über Integration: Bürokratisierung und Rationalisierung fürstlicher Herrschaft gingen Hand in Hand mit Interessen des Adels
- Adel wurde nicht domestiziert sondern nutzten neue Bedingungen in ihrem Sinne → Transformation des Adels zwischen 16. und 18. Jahrhundert
- Neubewertung der Höfe: Eigentlicher Akteur am Hof ist Adel, Hofzeremoniell als Instrument zur Regulierung des Rangs innerhalb des Adels
- Aufbau eines Systems von Amtsträgern mit Doppelrolle: Vertreter der Herrschaft vor Ort, Vertreter der lokalen Gemeinschaft gegenüber der Herrschaft selbst
- Staatliche Politik vor Ort musste von Amtsträgern ausgehandelt werden
- Ergebnis: Prozess der Verrechtlichung des Sozialen und des Politischen

Quellen:
John Locke, Die Rangordnung der Gewalten im Staat:
- Volk/Gemeinschaft hat höchste Gewalt, Legislative abzuberufen oder zu ändern

Friedrich Murhard, Stichwort: Absolutismus (1845):
- Absolutismus (politisch) ist Unbeschränktheit der Herrschergewalt im Staat und Ungebundenheit von konstitutionellen Staatseinrichtungen → Gegensatz von Konstitutionalismus

- Absolut ist Regierung, wenn herrschende Person Staatsgewalt ganz allein ausübt, ohne auf äußere Schranken zu stoßen

Stichwort: Absolutismus (Wagener) (1859):
- Absolut ist das von allen Bedingungen und Beschränkungen Losgelösete (nur Gott, Gewalt und das Recht Gottes stehen darüber)
- Staatsrechts-Lehre: Unbeschränktheit der Herrschergewalt und in absoluten Monarchien wo öffentliche Ordnung (Gesetzgebung und Staatshaushalt) allein vom Fürsten bestimmt wird
- Absolutismus ist Alleinherrschaft eines Einzigen die durch keine andere politische Gewalt beschränkt ist

Absolutismus, Brockhaus (1882):
- Absolutismus (politisch): Regierungsform wo Gewalt des Regenten nicht verfassungsmäßig beschränkt ist
- Absolutistisch: Herrscher, die nur in Festhaltung der absolutistischen Regierungsgewalt ohne konstitutionelle Schranke das Heil des Staats sehen

Forschung
Der preußische Militär- und Beamtenstaat im 18. Jahrhundert
- König lebt in Potsdam; Minister in Berlin; schriftlicher Verkehr
- Minister sind Handlanger (Diener) des Monarchen
- Initiative in wichtigen Fragen ging vom König aus
- Regierungsverfassung im alten Preußen war autokratisch; Monarch stand Bürokratie wie Volkstribun gegenüber
- Staatliche Organisation ruhte auf ständischer Gesellschaftsordnung (Erbuntertänigkeit der Bauern, Trennung zwischen Stadt und Land, soziale Privilegien des Adels)
- Alle Stände waren in Dienst des Staates gestellt: Adel lieferte Offiziere und höhere Beamte, Bürgerstand bezahlte Akzise, Bauernstand, trug Kontribution und stellte Kantonisten)

Zur Beurteilung des Absolutismus
- Löste Europa aus dem Universalismus des mittelalterlich-katholischen Systems
- Schuf Staat auf weltlicher Grundlage
- Schuf staatliches Heer und Beamtentum, staatliche Wirtschafts- und Kulturpolitik und politische Ordnung, die Sonderdasein privilegierter Schichten überwand
- Schuf für größere Räume gefestigte staatliche Autorität
- Schaltete alle privilegierten Schichten aus und verpflichtete auf höhere Gemeinschaft Staat
- Wesentliche Entwicklung zum absoluten Staat: Politische und wirtschaftliche Zusammenfassung großer Räume, Ausschaltung der politischen Rechte der alten Stände und Verwaltungsaufbau, der von oben nach unten durchorganisiert wurde
- Absolutistischer Staat schuf alle heutigen Einrichtungen des Staatslebens: Verwaltung, staatliche Wirtschafts- und Kulturpolitik und Heer
- Vereinigte alle Macht in der Hand des Fürsten → Stellung des Fürsten bisher stark privatrechtliche Züge, jetzt wurde er erster Diener seines Staates

Das Herrscherbild des 17. Jahrhunderts
- Thomas Hobbes: Entzauberung der Monarchie von Gottes Gnaden → rationale Ableitung der absoluten Staatsgewalt aus dem Unterwerfungsvertrag, Autorität des legitimen Herrschers
- Überzeugung, dass man zum Herrscher geboren sein muss → Erblegitimität wird zum entscheidenden Kriterium der Herrscherwürde
- So gewinnt im 17. Jahrhundert die durch Geburt erworbene Legitimität des Herrschers einen über ihre staatsrechtliche Bedeutung weit hinausweisenden Sinn

Das Bild des Absolutismus in der gegenwärtigen Forschung
1. Absolutismus (= absolute Monarchie) ist spezifisch europäische, vor allem kontinentale Erscheinung

2. Aufstieg des Absolutismus geschah durch Heraustreten der fürstlichen Gewalt aus der Begrenzung durch eigenberechtigte Herren, die das 'Land' nicht im modernen Sinne repräsentierten, sondern es selber waren
- Galt als selbstverständlich, dass Monarch die Staatsform, dynastisches Erbrecht und privat- und öffentlich-rechtlichen Verhältnisse im Lande nicht aufheben kann
- Muss Zustand der sozialen, rechtlichen und 'staatlichen' Verfassung erhalten
- Auffassung von Bindung des Monarchen an göttliches und natürliches Recht wird in Souveränitätslehre Bodins ausgedrückt → Fürst steht über Gesetzen, ist aber göttlichen und natürlichen Gesetzen unterworfen

3. Wesentlich für die Ausbildung von Theorie und Praxis des Absolutismus sind die jeweiligen tatsächlichen politisch-sozialen Zustände gewesen.
- Mittel zur Steigerung der monarchischen Gewalt waren Ausschaltung der politischen Macht der Stände, Zentralisierung der politischen Gewalt, Aufbau einer permanenten, nur vom Monarchen abhängigen politischen Macht und der dazu erforderliche Finanzverwaltung, Hebung des Wohlstandes und der Zahl der Bevölkerung für mehr Steuereinkünfte

4. Steigerung der monarchischen Gewalt bedeutete zugleich Festigung der staatlichen Einheit
- Absoluter Monarch wurde zum Garant von Sicherheit und Ordnung, zum Ziel von sozialen Erwartungen, zum Repräsentanten von nationalen bzw. staatspatriotischen Prestigewünschen

5. Wichtig für Ausbildung der absoluten Monarchie war Selbstverständnis der Fürsten
- In europäischer Aufklärung wandelte sich Herrscherselbstverständnis und Herrscherbild: Sakralcharakter der Krone ging verloren, Staat wurde entpersonalisiert und zur abstrakten Anstalt, Fürst auf der theoretischen Grundlage des Gesellschaftsvertrages wurde Organ der Gesellschaft

6. Hauptsächlicher Antrieb absolutistischer Politik war Deckung des staatlichen Finanzbedarfs für Hofhaltung, Heer und Beamtenschaft

7. Zu schwierigsten Fragen der Absolutismus-Forschung gehört die nach sozialgeschichtlichen Voraussetzungen und Wirkungen des Absolutismus
- Absolute Monarchie entstand, als ältere Ordnungskräfte (Reich, Lehnssystem, Ständestaat) nicht mehr fähig waren, territoriale und soziale Desintegration zu verhindern und äußere Sicherheit zu garantieren
- Adel selber hatte Interesse am Schutz durch Monarchen gegen unruhige Bauern und Bürger und an Titeln, Ämtern und Pensionen

8. Historische Bedeutung des 'aufgeklärten' Absolutismus wird in „bürgerlicher" Geschichtswissenschaft nicht einheitlich beurteilt
- Späteste Erscheinungsform des Absolutismus hat Ansehen der absoluten Monarchie erschüttert und sogar von oben her revolutioniert

Günter Barudio: Das Zeitalter des Absolutismus und der Aufklärung
- Absoluter Staat in Europa war notwendige Durchgangsstufe zwischen Feudalismus und Moderne
- Voraussetzungen für Aufklärung: Formierung einer kapitalistischen Marktordnung, Aufstieg bürgerlicher Schichten, Ausbildung der Naturwissenschaften, Anfänge der historischen Textkritik, Philosophie des Rationalismus, rationale Politik der souveränen Staaten

- Kants Definition der Aufklärung: Herausführung des Menschen aus seiner "selbstverschuldeten Unmündigkeit"

Peter Blickle: Steuerrevolten, bäuerlicher Widerstand und frühneuzeitlicher Staat
- Ziel der Revolten: Über die Steuerverweigerung normative, territoriale Festlegung ihrer Rechte und Verbindlichkeiten durchzusetzen (nur durch Landesordnung möglich)
- Steuerrebellionen haben Verfassungsstruktur erheblich beeinflusst: Aufstand des Armen Konrad in Württemberg von 1514 und Aufstand in Österreich 1515 führten zu Stärkung des landständischen Elements im Staat auf Kosten des Landesfürsten

Zur Charakterisierung der bäuerlichen Revolten sind zwei Beobachtungen wichtig:
1. Aufstände richten sich gegen das für die Bauern zentrale politische Ordnungssystem (Grund- und Gutsherrschaft, Landesherrschaft)
2. Revolte ist nicht nur Verweigerungsattitüde, sind Ausdruck fundamentaler Widersprüche im Wert- und Normensystem bei verschiedenen sozialen Gruppen
- Steueraufstand ist verbunden mit Vorstellung, dass breiterer Konsens politische Ordnung tragen müsse (Bauer muss im Staat durch aktive Standschaft in Landtagen oder verwandten Institutionen integriert sein)

Wolfgang Neugebauer: Schule und preußischer Absolutismus
- Preußische Untertanen haben in der Regel staatsfreie Privatschulung (Stadt) erhalten oder staatsferne Dorfschule (Land) besucht
- Parallelisierung von Staatsbildung (durch landesherrliche Gewalt) und Schulentwicklung im preußischen Ancien Régime in bildungshistorischen Theoriegeschichte
Grund: Traditionale Strukturen, schulische Herrschaftsfreiräume, schwache staatliche Herrschaftsintensität im Bildungsbereich
- 19. Jahrhundert: Staat nimmt Einfluss auf Schulwesen

Ernst Hinrichs, Zum Stand und zu den Aufgaben gegenwärtiger Absolutismusforschung
- „Strukturprobleme" des Absolutismus: System weist weniger innere Geschlossenheit und Festigkeit auf als bisher angenommen wurde
- Frage nach Beziehungen zwischen absoluten Monarchen und beherrschten Völkern muss gestellt werden (soziale Basis muss untersucht werden, Gesellschaften, Staaten, Nationen)
- Wird deutlicher gesehen, dass absolute Monarchien nicht im luftleeren Raum entstanden waren, sondern dass sie auch abhängig waren von wirtschaftlichen, sozialen, soziokulturellen Gegebenheiten
- Vor allem in großen, bevölkerungsreichen Monarchien (Spanien, Frankreich, Österreich, Preußen) erreichte Absolutismus nicht das Maß an Rationalität der politischen Organisation, an Integration und Vereinheitlichung des Untertanenverbandes wie die Theorie vorgibt
- Theorie: Verselbständigung des politischen Systems gegenüber traditionellen Herrschaftsträgern, Könige und Fürsten waren „absolut" und „souverän" (selbstverständliche Unterwerfung unter das Gottes- und Naturrecht und Freiheit von menschlichen Gesetzen)
- Mit Instrumenten wie dem Privileg, Delegation von Souveränitätsrechten (Ämterhandel), Einrichtung von Zünften für Förderung absolutistischer Wirtschaftspolitik nahm Absolutismus den „Verstaatlichungsprozeß" oft zur gleichen Zeit wieder zurück
- Zureichende Begriffsbildung: Politisches System des Absolutismus eliminierte Ständegesellschaft nicht, funktionalisierte sie aber so dass daraus eine neue Qualität wurde
- Erst in Krise des Ancien Régime brach „geheimer" Konsens zwischen französischer Monarchie und Eliten auseinander → Monarchie war nicht mehr fähig, das von ihr inszenierte Spiel zu kontrollieren und mit der nötigen Legitimationskraft zu versehen

Autokratie und Absolutismus in Rußland
- Moskauer Autokratie war nur durch göttliches Recht (Kirche nicht sein Handlungsraum), Tradition (z.B. bei Besetzung der Ämter), Erblegitimität begrenzt
- Keine Ständegesellschaft vorhanden, stattdessen hierarchisch gegliederte, aber sozial unstrukturierte Gesellschaft
- Äußeren Formen absolutistischer Regierungsweise wurden übernommen (Absolutismus als Modernisierungsprozess) → In St Petersburg wurde russischer Hof nach französischem Vorbild errichtet

Strukturprobleme des europäischen Absolutismus
- Absolutismus griff nicht ins private Leben der Massengesellschaft ein, hatte keine Möglichkeiten zur Meinungslenkung im Sinne einheitlicher offizieller Staatsideologie
- Keine Mittel für vollkommene Kontrolle des öffentlichen und privaten Lebens → war nur scheinbar totalitär
- Forschungstendenz: Man fragt nach Nichtabsolutistischen im Absolutismus (alte Stände, Institutionen)

Drei Ebenen von Staatsbildung:
1. Gesamtstaat: Fürsten, Höfe und Verwaltungsbeamten haben Entflechtung der feudalen Strukturen erreicht → Konzentration der zersplitterten Kräfte (Zentralismus)
2. Provinzebene: Keine Veränderung, örtliche Souveränität in Justiz, Kirche, Administration und Polizei → erst aufgeklärter Absolutismus ändert dies
3. Lokalverwaltung: Kaum Auswirkungen spürbar, keine politische Gewalt des Monarchen auf lokaler Ebene

Jedoch Sozialdisziplinierung auf allen Ebenen (Bürokratismus, Militarismus)

Idealtyp des aufgeklärten Herrschers
- Gottesgnadentum verliert seine traditionale Kraft, Monarchie die legitimierende Kraft →rationale Legitimation der Herrschaft

Der rationale Herrschaftsgrund der Legitimation
- Friedrich der Große stellte sich ganz auf Ebene der aufgeklärten Menschenvernunft, vernunftsrechtliche Begründung des monarchischen Amtes durch Sozialvertrag
- Bei Karl Friedrich von Baden und Joseph II nur begrenzt vorhanden, beriefen sich auf göttliche Gnade, hielten an alter Vorstellung von Gottesgnadentum fest

Partizipation am aufgeklärten Denkprozess
- Friedrich der Große nahm am aufgeklärten Diskurs teil, war nicht auf Herrscherrolle fixiert
- „Philosophenkönig"
- Karl Friedrich von Baden war auch an Literatur interessiert, Schwerpunkt liegt aber nicht auf Aufklärung sondern auf Pflege der deutschen Kultur
- Joseph II war ganz von Staatsamt beherrscht, trat nur in inneren Dialog mit Aufklärung der seine Staatspraxis prägte

Aufgeklärte Reformtätigkeit
- Gemeinsamkeit: Selbstdisziplinierung der absoluten Staatsgewalt zum Wohl der Gesellschaft
- Friedrich der Große legt Wert auf Partizipation am aufgeklärten Denkprozess (zeigt sich in Rechtspolitik und Erziehungspolitik)
- Karl Friedrich: Landesväterliches Selbstverständnis
- Joseph II war besessen vom überhöhten religiösen Ideal einer Staatsgemeinschaft, zeigt sich in seiner radikalen Reformpolitik

Ergebnis: Idealtypen des aufgeklärten Herrschers werden am ehesten von Friedrich dem Großen erfüllt (war Vorbild für Karl Friedrich und Joseph II)

Heinz Duchhardt, Absolutismus - Abschied von einem Epochenbegriff?
- These: Absolutismus in Vormoderne ist ein Mythos
- Kennzeichen des Absolutismus (Gewaltmonopol des Fürsten, Unabhängigkeit von intermediären Gewalten, Beschränkung des Freiraums des einzelnen, Bürokratisierung, Gesetzesmonopol der Krone) treffen nicht zu bzw. sind von Forschung überschätzt worden
- Ansatz: Mitwirkungs- und Mitregierungsorgane behielten Funktionen, Konsens von Ständegremien und Korporationen auf allen politischen Ebenen wurde von Monarchen nicht angezweifelt
- Realität: Mitwirkungsgremien (Provinzialstände, Stadträte, Dorfversammlungen) wurden an innenpolitischen Entscheidungen im 17./18. Jahrhundert immer beteiligt
- Langes Aussetzen der Generalstände nicht überschätzen: Generalstände verloren nicht Einfluss, sie hatten nie einen
- Ludwig XIV. hat alte Strukturen und Herrschaftstechniken eher konsolidiert als neue beansprucht (förderte Wiederbelebung von Provinzialständen, griff auf lokaler Ebene kaum in Verwaltung ein)
- "Absolutismus" als historiographisches Trugbild: Es gab zwar überall in Europa Tendenzen, königliche Prärogativen auszuweiten, aber Grundprinzip aller alteuropäischen Herrschaft, Konsultation und Konsens der Beherrschten wurde nie grundsätzlich bezweifelt
- Absolutismus im Sinn unbeschränkter, Freiheitsrechte ablehnender oder fundamental einschränkender Art war in Europa auf Dauer niemals zu praktizieren und wurde auch kaum jemals zu praktizieren versucht

Von der Adelsmonarchie zur königlichen „Eingewalt"
- Dänemark: Beispiellose Durchsetzung des Absolutismus ab 1660 war möglich weil soziales und politisches Gleichgewicht der dänischen Ständegesellschaft zerstört war
    - Verschlechterte Bedingungen landwirtschaftlicher Konjunktur
    - Kriegseinwirkungen
    - Angestrebter Ausbau des Herrscherapparats
    - Steuererhöhungen
- Unter „Enevalde" (Eingewalt) wurde so wie noch nie oberen Schichten der Gesellschaft mobilisiert
- Dänemark war um 1600 noch hegemoniale Macht, nach Niederlagen in Deutschland und Schweden übernimmt Schweden diese Position
- Schwedische Monarchie hat militärisch, administrativ, finanzwirtschaftlich effektives und nichtabsolutistisches System geschaffen → Zentralisierung und Modernisierung in Dänemark wurde wegen inneren strukturellen Problemen verzögert

Adelsherrschaft und Ratskonstitutialismus
- In Dänemark setzten sich im 16./17. Jahrhundert in der Landwirtschaft feudale Strukturen durch (gutsherrschaftlich-gutswirtschaftliche Richtung)
- Dänischer Adel schloss sich kastenartig ab
- Monarchia Mixta: Ständische Wahlmonarchie, in der hochadeliger Reichsrat (geistliche und adelige Ratgeber des Königs) dominierende Rolle spielt (wurde im 15./16. Jahrhundert zum zentralen Regierungs-, Gesetzgebungs- und Gerichtsorgan)
- Staats- und Regierungsform in Dänemark vor 1660 und Schweden vor 1680: Kombination von Zwei-Kammer- und Mehr-Kurien-System

Expansion des Machtstaats und Zerfall der alten Ordnung
- Seit 1640 „Krise": Anhaltender Preisverfall und Exportrückgang
- Domäneeinnahmen (Hautfinanzierungsmittel der Krone) sanken dramatisch → Hof und Herr kosten 80% mehr als Einnahmen
- Bestehende Staatsordnung wird in 1640er Jahren zerrüttet
- Administrativen Aufgaben steigen, Reichsrat tagt permanent, Verwaltung ist schlecht ausgerüstet, Umstrukturierung wird durch defensive Haltung der Gemeinden und des Reichsratadels verhindert

- Lösung: „Erb-Eingewalt" → wird von Ständen und Bevölkerung getragen, König bekommt absolute Regierungsmacht
- Lex Regia: Verfassung der Ein-Gewalt (Dokument des Absolutismus und am längsten dauernde Verfassung)
- Lex Regia als ein vom König selbst zu gebendes Erbstatut → Übertragung der gesamten Staatsgewalt auf Herrscher und Erben

Realer Absolutismus
- Nach Staatsumwälzung von 1660 (vertragsförmiger Staatsstreich) folgen Reformen der Regierung und Verwaltung
- Kern ist Neugestaltung des Finanzwesens (Schulden werden getilgt, Einnahmen erhöht)
- Verkauf des königlichen Grundeigentums und Steuererhöhungen → Struktur der Einnahmen und Ausgaben passt sich an westeuropäischen Standard an
- Alter Adel wird von absolutistischem Rangadel abgelöst → neue Machtelite

Absolutismusdebatte
- Herrscher der Vormoderne waren nicht so absolut, wie man erst glaubte -→dörfliche Ebene bleibt autonom, Adel wird nicht angetastet, Alteuropa blieb beim konsensualen Staatsmodell
- Staatsbildung als kultureller Prozess, Strukturwandel und Legitimation von Herrschaft in der frühen Neuzeit
- Verhältnis von Herr und Untertan ändert sich: Institutionalisierte Form der Herrschaft (Gesetze, Verträge) die auf Legitimation durch Recht beruht
- Staatsbildung als Modernisierung in Form von Bürokratisierung, Zentralisierung und Verrechtlichung
- Verhältnis König-Adel: Adel wird domestiziert, sehnt sich andererseits aber auch nach Stabilität (nur König ist in der Lage, Status des Adels in Bezug auf Landbevölkerung abzusichern, Hof bietet Karrierechancen)
- Kontinuierlicher Prozess der Autorität zwischen Herrscher und Untertan, Zentrum und Peripherie und zwischen Hof und Provinz immer wieder neu aushandelt
- Wachsende politische Zentrierung macht Weg der Machtvermittlung von Zentrum in Provinz wichtiger → lokale Amtsträger gewinnen an Bedeutung
- Feste Normen für alle Lebensbereiche: Gesetze nehmen seit 16. Jahrhundert stetig zu
- Hof hat mehrere Funktionen: Verbindet Monarch mit Außenwelt, durch Amtsvergabe/Privilegien verbindet er Zentrum und Peripherie
- Legitimation des Herrschers ist Erbfolge (Akzeptanz bei Bevölkerung durch Rituale, Tradition, Münzen, Festumzüge) → Selbstbildnis des Monarchen wird wichtig
- Adel bekommt zwar neue Rolle am Hof, behält sich aber auch eigene politische Räume → Durchsetzung eines staatlichen Gewaltmonopols hängt von Akzeptanz der traditionellen Führungseliten ab (Dualismus zwischen traditionellen Führungseliten und Fürstenherrschaft)
- Verhältnis war gekennzeichnet durch Kooperation, Koordination und wechselseitiger Abhängigkeit